Travail présenté au Congrès de Médecine de Lille, en Juillet 1899.

ÉTUDE

SUR LA

Genèse des Fonctions visuelles

BASÉE SUR LA

GUÉRISON D'UN AVEUGLE DE NAISSANCE DE 19 ANS

atteint de cataracte congénitale

Par le Docteur H. N. DRANSART

ANCIEN INTERNE DES HÔPITAUX DE PARIS
DIRECTEUR DE L'INSTITUT OPHTALMIQUE DE SOMAIN (NORD)
MÉDECIN OCULISTE DES MINES D'ANZIN
MÉDECIN DU CHEMIN DE FER DU NORD
MEMBRE DE LA SOCIÉTÉ D'OPHTALMOLOGIE DE PARIS
DE LA SOCIÉTÉ CENTRALE DE MÉDECINE DU NORD
DE LA SOCIÉTÉ DES SCIENCES ET ARTS DE DOUAI
DE L'ASSOCIATION FRANÇAISE POUR L'AVANCEMENT DES SCIENCES, ETC.

LILLE

IMPRIMERIE ET LITHOGRAPHIE LE BIGOT FRÈRES

Rue Nationale, 68, et rue Nicolas-Leblanc, 25

1899

Étude sur la genèse des fonctions visuelles basée sur la guérison d'un aveugle de naissance de dix-neuf ans, atteint de cataracte congénitale.

Par le docteur **Dransart**, de Somain.

Ancien interne des Hôpitaux de Paris ; directeur de l'Institut ophtalmique de Somain (Nord) ; médecin oculiste des mines d'Anzin ; médecin du chemin de fer du Nord ; membre de la Société d'ophtalmologie de Paris ; de la Société centrale de Médecine du Nord ; de la Société des Sciences et Arts de Douai ; de l'Association française pour l'avancement des Sciences, etc.

PRÉAMBULE

Les cas de cécité par cataracte congénitale, chez des jeunes gens d'un certain âge, sont extrêmement rares. Je n'en ai vu que trois cas sur plus de soixante mille observations. La rareté de ces cas augmente toujours avec le progrès de la pratique ophtalmologique. Aussi importe-t-il d'étudier à fond chaque cas qui se présente pour en tirer toutes les données utiles à la science.

Tous les auteurs qui ont opéré des aveugles de naissance et qui ont observé leurs sujets s'accordent à dire que ces opérés n'avaient aucune notion de la forme des objets. Ils ne savaient apprécier ni les dimensions, ni les distances, ils ne possédaient à aucun degré le sens de l'orientation, ils n'acquéraient ces diverses facultés visuelles que difficilement par une série d'exercices.

En somme les données physiologiques sur la genèse des fonctions visuelles sont encore bien succinctes, et il y a lieu de tenter d'en élargir le cadre ; c'est ce que je vais essayer de faire dans ce travail.

Dans ce but je vais d'abord donner en détail l'observation

d'un aveugle de naissance de dix-neuf ans, à qui j'ai eu la bonne fortune de rendre la vue par une opération.

J'ai pu conserver ce cas intéressant dans ma clinique durant plusieurs mois afin de suivre de très près l'évolution des fonctions visuelles et d'en faire pour ainsi dire l'éducation.

Je relaterai au jour le jour les expériences faites sur ce sujet et les progrès accomplis dans l'évolution des fonctions visuelles.

Cela fait, je tirerai de ces observations et de ces expériences des conclusions qui me permettront en dernière analyse d'établir aussi exactement que possible la théorie de la genèse de la vision chez l'aveugle de naissance et, par analogie, chez l'enfant qui vient de naître.

Je mettrai en relief le mode de vision analytique du début précédant la genèse de la vision synthétique ou panoramique, vision qui constitue la dernière étape du développement des fonctions visuelles.

C'est sous ce rapport que notre observation sera particulièrement intéressante et qu'elle gagnera son originalité. Quant au reste, elle est une confirmation des données physiologiques acquises par les autres auteurs.

D'autre part, ce travail prouvera, conformément à l'opinion déjà émise par d'autres auteurs, que s'il y a innéité des facultés visuelles, cette innéité n'existe qu'à l'état embryonnaire, et que le développement des facultés visuelles ne s'obtient que par l'exercice et par une véritable éducation, parfois très difficile à faire. C'est donc à la théorie empirique que nous avons recours pour expliquer la genèse des fonctions visuelles.

Je terminerai ce travail par la publication de documents historiques et d'un index bibliographique relatif aux observations de cataracte congénitale. De cette façon le lecteur de ce travail pourra se rendre compte de l'état de la science sur la matière. Il pourra se faire une opinion personnelle sur la question, apprécier les efforts que nous avons faits pour y apporter notre modeste contribution et le bien fondé de notre conclusion générale.

PREMIÈRE PARTIE

Observations — Expériences — Conclusions

CHAPITRE PREMIER

Guérison d'un aveugle de naissance par cataracte congénitale, fibreuse, régressive et pyramidale aux deux yeux. — Double opération chez un jeune homme.

OBSERVATION. — Duc... Fidèle, âgé de 19 ans, domicilié à Thérouanne, est aveugle depuis sa naissance. Il est amené, par son père, à l'Institut ophtalmique de Somain, le 20 décembre 1898.

Fidèle est l'aîné de sept enfants tous bien portants et voyant clair comme les parents.

Il est de taille moyenne et n'a aucune autre infirmité. Il n'a reçu aucune instruction, son intelligence est peu développée ; il est d'un naturel doux. Rien à noter dans sa santé générale. Il est très sensible et sujet à des cauchemars durant son sommeil.

Fidèle voit la lumière du jour et toutes les lumières artificielles. De plus il distingue certaines couleurs : le bleu, le rouge, le blanc et le jaune. Les autres couleurs lui sont inconnues.

Fidèle est complètement aveugle, il ne peut rien reconnaître, ni en pleine lumière, ni quand il tourne le dos à la lumière. C'est par le tact, par l'ouïe et par l'odorat qu'il peut connaître ce qui l'entoure.

L'aspect des yeux est le suivant :

Les paupières sont normales, les globes oculaires ont une conformation régulière ; ils ne sont pas atteints de nystagmus appréciable. Il y a toutefois un léger balancement de droite à gauche.

Les pupilles ont une grandeur moyenne, elles réagissent très bien à la lumière.

Le fond pupillaire, au lieu d'être noir, est d'un blanc

crayeux et nacré. Le centre de cette opacité blanchâtre fait une saillie conique dont la pointe s'avance dans la chambre antérieure, vers la cornée, et dont la hauteur est de deux millimètres environ.

L'instillation du collyre à l'atropine donne une dilatation moyenne de la pupille.

A l'ophtalmoscope on ne peut rien distinguer au fond de l'œil, ni à la périphérie, ni au centre.

La perception quantitative existe seule, elle est très vive à l'œil droit et presque nulle à l'œil gauche.

L'œil gauche ne perçoit aucune couleur.

Diagnostic. — Fidèle est donc atteint d'une cataracte fibreuse, régressive et pyramidale aux deux yeux.

Pronostic. — L'examen de la perception visuelle permet d'espérer un résultat favorable à l'œil droit et un résultat presque nul à l'œil gauche.

Traitement. — Le père veut bien qu'on opère son fils, mais à la condition que l'œil gauche sera opéré le premier et qu'on ne touchera à l'œil droit que si l'opération donne un certain résultat à l'œil gauche. J'accepte ce programme et j'en exécute la première partie le 21 décembre 1898.

Opération de l'œil gauche (21 décembre 1898). — Après avoir fait la toilette antiseptique de l'œil et instillé quelques gouttes du collyre à la cocaïne pour anesthésier le champ opératoire, j'opère l'œil gauche de la façon suivante :

1° Incision de la cornée à l'union du tiers supérieur avec le tiers moyen ;

2° Essai de discision qui dénote, conformément aux prévisions, une capsule épaisse, fibreuse et résistante.

3° Avec la pince de Terson, je saisis la capsule par sa partie centrale proéminente et conique et j'extrais tout l'appareil cristallinien.

Résultat immédiat. — J'obtiens une pupille noire bien nette, un peu surélevée au-dessus du méridien horizontal. Fidèle dit qu'il voit mieux la lumière, mais il ne peut rien reconnaître. Je passe la main et les doigts, il voit passer quelque chose, mais il ne peut rien distinguer, même quand on lui a désigné l'objet qui passe devant l'œil gauche.

Pansement antiseptique qui est levé le quatrième jour après l'opération.

Je trouve un œil en bon état avec une pupille bien nette et bien noire.

Expériences du premier pansement : 1° Je présente la main tout entière, puis les doigts séparément. Fidèle voit quelque chose passer, mais il ne peut dire ce que c'est :

2° Je présente un doigt en disant que c'est un doigt. Fidèle le regarde bien : je le retire et le représente de nouveau. Fidèle reconnaît le doigt. Je présente ensuite deux doigts : Fidèle les distingue et les compte.

Je répète cet exercice une série de fois, et Fidèle arrive à compter un, deux, trois, quatre et cinq doigts successivement, mais avec beaucoup de lenteur.

Je présente ma figure devant l'œil gauche, Fidèle ne sait pas ce que c'est. Je lui dis : c'est ma figure, je la lui fais voir à différentes reprises et il arrive à la reconnaître. Je lui apprends de la même façon à connaître le nez et les yeux et je remets le pansement.

Expériences du 25 décembre. — Je prends une série de petits objets que Fidèle reconnaît très facilement par la main, entre autres une cuiller, une fourchette, un couteau, un verre, une chope, un petit verre, une montre, etc.

Je fais passer successivement tous ces objets au-devant de l'œil gauche. Fidèle voit passer et bouger tous ces objets, mais il est absolument incapable d'en reconnaître et d'en désigner aucun.

Je prends ensuite ces objets un à un, je les lui montre à différentes reprises en lui disant : ceci c'est un verre, ceci c'est une fourchette, un couteau, etc. Après une série d'exercices, Fidèle arrive à les reconnaître tous.

27 décembre 1898. Opération de l'œil droit. — Encouragé par le résultat obtenu à l'œil gauche, je décide l'opération de l'œil droit. J'exécute l'opération le 27 décembre par le même procédé, avec cette différence que l'incision de la cornée est faite à l'union du tiers moyen avec le tiers inférieur de cette membrane.

Sans faire de discision, je saisis la partie centrale et saillante de la capsule antérieure avec la pince de Terson et, par des tractions modérées, j'attire au dehors tout l'appareil cristallinien composé d'une partie antérieure fibreuse, résistante, et d'une partie postérieure d'un bleu opalescent à contenu mou et gélatineux qui enferme une capsule peu résistante.

— 6 —

Après la sortie des masses cristalliniennes, il se fait une petite hernie de la membrane hyaloïde avec l'humeur vitrée. Cete hernie rentre facilement et nous obtenons, en fin de compte, une pupille d'un très beau noir.

Résultat. — L'opéré voit la lumière beaucoup plus vive qu'avec l'œil gauche, mais il ne peut reconnaître les doigts

d'emblée, il faut les lui montrer en lui disant que ce sont des doigts, après quoi il les reconnaît et les distingue beaucoup plus facilement qu'avec l'œil gauche.

31 décembre. Levée du pansement. — L'œil est beau ; la pupille est noire. Fidèle voit la lumière très brillante. Il reconnaît la main, voit les doigts et les compte un à un, mais assez difficilement. Les yeux restent bandés.

7 janvier 1899. — Fidèle compte encore difficilement les doigts quand on lui montre deux, trois, quatre ou cinq doigts, il ne peut en indiquer immédiatement le nombre. Pour y arriver il doit les dévisager un à un.

On lui montre la plupart des couleurs qu'il reconnaît, à l'exception du vert qu'il confond avec le bleu, et du rose qu'il confond avec le rouge, et du violet qu'il confond avec le bleu. A différentes reprises on lui montre du vert, du rose et du violet en lui disant : c'est du vert, c'est du rose, c'est du violet. Au bout de peu de temps, il arrive à reconnaître ces couleurs et à ne plus les confondre avec d'autres. Il reconnaît vite les objets usuels qu'on lui montre : un couteau, une cuiller, une fourchette, il confond encore une chope et un petit verre.

Expériences sur la grandeur et la distance des objets : La chope et le petit verre. — *9 janvier.* Je montre à Fidèle un petit verre à liqueur, objet avec lequel il a déjà fait connaissance. Il me dit que c'est une chope. Je lui demande de me dire quel est le volume de ces objets, il ne peut le faire.

Je lui montre alors une chope à côté du petit verre, il arrive alors à distinguer les objets l'un de l'autre.

Tous ces objets, pour être bien vus, doivent être mis à une distance de trente centimètres au maximum. Quand j'éloigne à soixante centimètres, la vue est confuse et l'objet lui paraît beaucoup au-delà de sa portée.

Au-delà de deux mètres il ne reconnaît aucun objet.

Je dépose la chope et le petit verre à trente centimètres de Fidèle. Je lui demande s'il peut apprécier la distance à laquelle sont ces objets : Il s'en déclare incapable. Croyez-vous pouvoir les atteindre avec la main ? Non, répond-il, je les crois beaucoup plus loin.

Etat de Fidèle le 15 janvier. — Fidèle reconnaît très bien toutes les couleurs, même avec l'œil gauche. Il reconnaît facilement les objets usuels à une distance de quarante centimètres. Il distingue très bien un petit verre d'une chope, une montre, une pièce de cinq francs, etc. Fidèle se promène seul dans la maison et le jardin.

A sept mètres il voit passer une personne, sans pouvoir dire si c'est un homme ou une femme ; à trois mètres, il distingue un homme d'une femme ; à un mètre, il dénomme la personne quand il la connaît.

Expérience du cheval. — Fidèle est mis en face d'un cheval sans en être averti. Il reconnaît le cheval. C'est un cheval, s'écrie-t-il.

Ce fait semble en opposition avec les expériences précédentes, mais voici ce que dit Fidèle : J'ai souvent monté à cheval, j'ai vu beaucoup de chevaux de très près, et je les reconnais par leur ombre et surtout par leur odeur spéciale. C'était surtout l'odorat qui l'avait guidé ici. Toutefois, en reconnaissant le cheval d'emblée par l'odorat, il trouve que l'idée qu'il se faisait de cet animal est toute différente de la réalité. En somme, il n'avait eu image et en l'idée que l'ombre de l'animal. Fidèle, on le sait, a toujours eu la perception lumineuse quantitative, et la perception des couleurs ; il reconnaissait la couleur de certains chevaux, mais surtout leur odeur.

Expériences pour la vision en profondeur, l'appréciation des distances. — *Les deux rangées de malades.* — *18 janvier.* — A la distance de 1 mètre 50 je mets quatre malades sur le même rang. Derrière ces malades, à 0 mètre 25, je mets une autre rangée de malades intercalés de façon que les têtes de la dernière rangée soient bien visibles et j'invite Fidèle à compter tout ce qu'il voit. Fidèle compte toujours exclusivement les quatre de la première rangée ; il ne voit pas la seconde rangée de malades. Je dis à Fidèle qu'il y a une seconde rangée de malades derrière la première ; Fidèle cherche et arrive à les voir et à les compter également. Je lui demande si la seconde rangée de malades est proche de la première ; Fidèle croit que la distance est assez grande, mais il ne peut l'apprécier.

Le père de Fidèle. — *Le 18 janvier.* — Fidèle est mis en face de son père. On lui demande qui c'est ; il répond : C'est un homme, je ne le connais pas. Son émotion est grande quand on lui dit que c'est son père. Il le regarde de toutes les façons, puis il le reconnaît très facilement dans un groupe de malades au milieu desquels il se trouve.

Le père de Fidèle est bien portant et a une bonne vue.

Champ visuel. — Le champ visuel de Fidèle est normal ; il donne à l'œil droit les résultats suivants :

50
80 œil droit 60
60

Il n'est pas possible de prendre le champ visuel de l'œil gauche.

L'ophtalmoscope ne décèle aucune anomalie du fond de l'œil.

Orientation du regard. — Il y a un fait particulier à citer au sujet de Fidèle. C'est que ce dernier a toujours le regard dirigé en bas. Il ne sait pas regarder en haut, et le mouvement d'élévation au-dessus de la ligne horizontale est presque nul. Il ne sait pas non plus diriger son regard à droite ou à gauche quand on le lui demande. On a exercé Fidèle à regarder en haut, et, progressivement, le mouvement d'élévation s'accentue, mais ce regard est très limité. Les mouvements à droite et à gauche se font mal et sont peu étendus, il y a toujours un peu de photophobie.

Fidèle ne voit pas bien sur les côtés.

Expériences du miroir. — *24 janvier 1899.* — Sans qu'il s'en doute, Fidèle est mis en face d'une grande glace où il se voit tout entier. On lui demande ce qu'il voit, il répond : c'est un homme. Quel est cet homme? Je ne le connais pas. Fidèle ne reconnaît pas davantage sa figure qu'il ne reconnaissait au début les objets que sa main reconnaissait le plus aisément. Son étonnement est bien grand quand on lui annonce que l'homme qu'il voit devant lui est sa figure. Il trouve le fait extraordinaire et semble d'abord en douter, il croit qu'on lui fait une farce. On lui fait toucher la glace ; il fait ensuite une série de mouvements et de gestes que la glace reproduit et qui lui démontrent d'une façon incontestable qu'il est bel et bien en face de son portrait. C'est égal, finit-il par dire, j'en ai vu de bien drôles depuis que je suis à Somain, mais ça, c'est encore plus drôle.

25 janvier. — Le lendemain Fidèle est mis en face d'une autre glace sans qu'il puisse s'en douter. On lui demande s'il voit quelqu'un, il répond : Je vois un homme. Quel est cet homme? Il hésite, il examine, puis après un certain temps, il répond : C'est mon image.

En face de la glace, à différentes distances et à peu près sur la même ligne se trouvent le médecin assistant de l'Institut et la sœur infirmière. Fidèle est invité à nommer les personnes qu'il voit dans la glace. Il voit d'abord le médecin, mais pas la sœur. On lui dit de chercher la religieuse, il la trouve, mais alors il ne voit plus le médecin. Fidèle ne peut pas encore voir simultanément deux objets situés à des distances et sur des plans différents.

Expériences des cartes à jouer. — 30 janvier. — Depuis huit jours, Fidèle apprend à connaître les cartes. Les premiers jours il arrive difficilement à reconnaître les signes du carreau, du cœur, du trèfle et du pique. Ce travail le fait suer, et on voit les gouttes perler sur son front et ses joues. Il ne peut distinguer aucune figure : dame, roi ou valet. On continue chaque jour un exercice de cartes, il arrive au bout de plusieurs jours à reconnaître et à compter les diverses cartes. C'est un véritable labeur pour Fidèle de compter une carte. Il doit dévisager séparément chaque signe de la carte, il les compte ensuite sur une seule ligne et recommence sur les autres lignes pour arriver à l'addition totale. Au début, Fidèle tenait les cartes à cinq centimètres pour les reconnaître ; aujourd'hui, 30 janvier, il les distingue à dix et quinze centimètres. Ce travail est encore pour Fidèle une véritable fatigue ; il reconnaît les valets, dames et rois.

Perte presque complète de la vision de l'œil gauche. — Le 30 janvier, en examinant séparément l'œil gauche, nous nous apercevons que cet œil ne fonctionne presque plus ; il ne peut plus compter les doigts, il ne peut plus distinguer aucun objet. Nous en concluons que l'œil droit avait fonctionné seul, et que l'œil gauche n'ayant pas pris part à la vision, avait perdu le peu de vision qu'il avait acquis.

La religieuse du service fit faire à Fidèle quelques exercices avec l'œil gauche, et, au bout de quelques jours, cet œil avait récupéré une bonne partie de ses capacités, relativement beaucoup plus faibles que celles de l'œil droit.

Etat de la vision le 10 février. — Fidèle voit parfaitement pour se conduire et se diriger et dans la maison et dans le jardin. Il distingue les chevaux et les voitures, et les personnes qui passent dans la rue, et cela à une distance de 12 mètres.

A une distance de 7 mètres, il reconnaît les gestes des personnes qui l'entourent à la lumière du jour.

A un mètre, il reconnaît les personnes ; il reconnaît la plupart des objets usuels. Il dénomme assez rapidement toutes les cartes. Il reconnaît généralement les pièces de monnaie ; il confond encore parfois une pièce de vingt sous et une pièce de quarante sous.

Il commence à juger des distances ; le pas lui sert de mesure. Il n'est pas encore très fort en la matière.

Il commence à voir simultanément plusieurs personnes

placées à des distances différentes ; il ne fait plus d'erreur sur les couleurs.

Il commence à apprendre quelques grosses lettres du tableau d'examen des employés du chemin de fer. Il arrive à déchiffrer quelques lettres jusqu'à l'avant-dernière ligne. Il est malheureusement mal servi par un défaut de mémoire. Il oublie le nom des lettres qu'il arrive à reconnaître assez facilement.

La vision de l'œil gauche est beaucoup plus faible que celle de l'œil droit. Il a une tendance à ne pas se servir de l'œil gauche. Fidèle éprouve une grande gêne de la lumière, il voit toujours beaucoup mieux quand il lui tourne le dos.

L'orientation du regard se fait beaucoup plus facilement.

Fidèle ne sue plus pour dire les cartes, mais le travail visuel est encore pour lui une très grande fatigue, un véritable travail.

Etat de la vision le 11 février. — Le 11 février 1899 je montre Fidèle à la Société des sciences et arts de Douai et je fais une conférence à son sujet. Fidèle reconnaît tous les objets usuels qu'on lui montre, sans faire aucune erreur : cuiller, fourchette, verre, jatte, etc. Il désigne toutes les cartes d'emblée sans se tromper. Il ne fait pas d'erreur sur les pièces de monnaie qu'on lui présente : cinq francs, deux francs, un franc, cinquante centimes. Il reconnaît toutes les couleurs, et les nuances les plus délicates : vert tendre, rose pâle, lilas, etc. Il voit les maisons et les passants dans la rue. Dans la gare, il voit passer les trains, les voyageurs ; il voit les becs de gaz et me signale des lumières qui sont comme des soleils ; *c'était la lumière électrique*. Fidèle m'a suivi, a traversé la gare, les voies et les rues sans que je l'assiste ; il est monté et descendu seul du train. Il a fait une très vive impression sur l'honorable compagnie de la Société d'agriculture, sciences et arts de Douai, qui ne lui a pas ménagé ses bravos.

CHAPITRE SECOND

Examen des expériences et observations faites sur Fidèle. — Conclusions qui en découlent.

1° *Perception qualitative nulle au début.* — L'examen approfondi de l'observation de Fidèle et les expériences précédentes que nous avons faites à son sujet nous permettent de tirer des conclusions qui intéressent particulièrement la question de la genèse des fonctions visuelles en même temps qu'elles confirment les données physiologiques établies par les observations antérieures.

En effet, ainsi que nous l'avons bien constaté, Fidèle, après ses opérations, a eu la sensation d'une lumière beaucoup plus vive, mais il s'est trouvé incapable de distinguer et de nommer aucun objet parmi ceux qu'il reconnaissait le plus facilement par le tact ; il n'a reconnu ni son père, ni sa propre figure. Ce n'est que par une série d'exercices successivement répétés qu'il a pu acquérir, par la vue, la notion de la forme des différents objets et de sa propre personnalité. Ce fait prouve que la perception qualitative qui donne à l'œil la notion des formes, n'existe pas d'emblée après l'opération. Cette fonction n'existe qu'à l'état embryonnaire et c'est l'exercice seul qui permet le développement de cette fonction, et sous ce rapport l'observation de Fidèle confirme celle des autres observations analogues et particulièrement celle que j'ai faite sur un sujet du même genre que j'ai opéré il y a vingt ans.

Rapports entre la vision et le tact et les autres sens. — L'observation de Fidèle prouve que si l'aveugle de naissance reconnaît un grand nombre d'objets par le tact et les autres sens, s'il acquiert par ces moyens une certaine notion des formes, ces notions sont tout-à-fait distinctes de celles que donne l'organe de la vision. Aussi les mêmes objets parfaitement reconnus et définis par le tact ne sont nullement reconnus par l'œil, et l'œil doit subir toute une éducation spéciale pour acquérir la notion de la forme des objets.

On a dit que la vision était le tact prolongé, le tact à distance : ce qui précède prouve qu'il y a une différence complète entre le tact et la vision. Bien que ces deux sens puissent se suppléer ou se compléter dans une certaine mesure, ils n'en sont pas moins tout-à-fait distincts.

Ces données physiologiques relatives à la forme des objets s'appliquent également à la notion des dimensions, des distances et à celle de l'espace.

Fidèle avait une certaine notion des dimensions, des distances et de l'espace avant son opération. Ces notions lui étaient fournies par le sens musculaire et par le tact. Il savait, par exemple, qu'une chambre était plus grande qu'une autre quand il devait faire un plus grand nombre de pas pour la parcourir. Il savait qu'une personne était plus petite qu'une autre quand, par le toucher, il s'assurait que l'une dépassait l'autre.

Toutefois, ces notions de distances et de dimensions fournies par le sens musculaire et par le tact sont absolument distinctes de ces mêmes notions fournies par les organes de la vision.

L'œil d'un aveugle de naissance opéré avec succès et qui jugeait aussi bien que possible de la grandeur et de la distance par le tact et par le sens musculaire, n'est pas à même d'apprécier ni aucune grandeur ni aucune distance au début de son fonctionnement visuel, de même qu'il ne peut juger immédiatement de la forme des objets.

Comme pour la forme des objets, l'œil doit subir une éducation spéciale avec cette différence qu'il faut plus de temps pour acquérir la notion des dimensions que pour acquérir celle des formes, c'est l'acquisition de la notion des distances qui exige le maximum de temps. Nous allons du reste rappeler quelques expériences relatives à la perception des dimensions et des distances.

Perception des dimensions. — Ainsi que nous l'avons vu, au début des exercices visuels, Fidèle confond un petit verre et une chope. Il ne fait d'abord aucune distinction de grandeur entre ces deux objets et ce n'est qu'au bout d'une série d'exercices qu'il arrive à ne plus se tromper.

Au bout de trois semaines, il commet encore la même erreur pour des pièces de monnaie. Il confond une pièce de vingt sous et une pièce de cinq francs. Il confond encore plus facilement les pièces de deux francs et celles de un franc.

Il ne voit pas bien les différences de taille entre plusieurs sujets, quand ces différences ne sont pas très accentuées.

Au point de vue de la taille, il reconnaît un enfant d'une grande personne au bout de quelque jours, mais c'est toute sa capacité de distinction. C'est par les traits, la coloration et les habits qu'il reconnaît les grandes personnes entre elles. Cette faculté se développe chaque jour avec l'exercice, mais son développement est loin d'être terminé. L'observation du 30 janvier a prouvé que Fidèle confondait encore les pièces de cinq francs et de deux francs.

Notion des distances. — A propos de la notion des distances, il importe de rappeler l'expérience faite sur Fidèle le 9 janvier. On place un verre à trente centimètres de Fidèle, on lui demande de dire si cet objet est près ou loin de sa personne et à quelle distance. Il ne peut répondre.

On lui demande s'il croit qu'il est à même de pouvoir prendre l'objet avec la main, il s'en croit tout-à-fait incapable ; pour lui l'objet apparaît beaucoup plus éloigné de sa personne qu'il ne l'est réellement.

A ce sujet je dois dire que le jeune homme que j'ai opéré il y a vingt ans avait des sensations inverses. Il pensait, par exemple, qu'un cheval passant dans la rue était tout à fait près de lui et qu'il n'avait que quelques pas à faire pour l'atteindre.

Le malade de CHESELDEN (1700), signalé dans les traités

de philosophie, à l'appui de la théorie qui considère la vision comme la prolongation du tact, avait les mêmes sensations que mon opéré d'il y a 20 ans. Il y a donc lieu de rester dans la réserve sur ce point. En tout cas il ressort clairement de l'observation de Fidèle, comme de ma première observation et de celle d'autres auteurs, que la notion des distances n'existe nullement chez les sujets de ce genre et qu'elle ne s'acquiert que par l'exercice.

Vision analytique du début. — Agrandissement progressif du champ de la vision. — L'observation de Fidèle nous a permis de suivre la nature dans le processus initial de la vision.

Je rappelle à ce sujet l'expérience des doigts et celle des cartes.

Fidèle, nous l'avons vu, commence par voir un doigt de la main et ce n'est que par une série d'actes visuels qui s'accomplissent lentement et successivement qu'il voit le deuxième doigt, puis le troisième, puis le quatrième, puis le cinquième doigt. Ce n'est qu'au bout d'un assez grand nombre d'exercices que Fidèle est arrivé à compter d'emblée sûrement les cinq doigts, puis à voir la main et la figure tout entière. Il en a été de même pour les cartes. Fidèle voit d'abord un point à la fois de la carte, carreau, cœur, pique, trèfle, puis il en voit deux, trois, quatre. Il voit successivement toute une ligne, et plus tard il voit toute la ligne d'un coup et distingue immédiatement la carte. Au début il ne pouvait voir qu'une personne à la fois, puis il arrive à en distinguer plusieurs en même temps. En un mot, l'exercice de la vision se fait d'abord par des visions analytiques partielles et successives, et ce n'est qu'assez tardivement que la vision d'ensemble se réalise sur plusieurs points du champ visuel à la fois.

Les expériences faites sur Fidèle démontrent donc qu'au

début la vision directe seule existe, aussi le sujet ne voit-il rien des objets situés à droite et à gauche de ceux qu'il fixe. Pour voir ces derniers, il doit diriger sur chacun d'eux séparément sa ligne directe de regard.

En somme, sous ce rapport, la vision d'un aveugle de naissance au début est analogue à celle des sujets atteints de rétinite pigmentaire ou d'atrophie des nerfs optiques, malades dont le champ visuel est rétréci.

Nous pouvons nous faire une idée de ce mode de vision, en exerçant notre vision à travers deux tubes creux et allongés posés devant chaque œil.

Avec l'exercice, la vision périphérique en dehors de la ligne du regard s'éveille et se développe pour s'étendre successivement à toutes les parties du champ visuel situé sur un même plan.

Vision limitée à une seule distance. — Vision simultanée sur plusieurs plans différents. — Vision synthétique panoramique. — Les expériences précédentes nous ont prouvé que l'aveugle de naissance, quand il a acquis un certain degré de vision et quand il peut exercer sa vision sur toute l'étendue du champ visuel, n'est pas à même de voir simultanément plusieurs objets situés sur des plans différents. Par exemple, si son regard fixe un objet placé à un mètre de distance, il voit cet objet, il voit les autres objets placés sur le même plan, mais il ne voit rien d'un objet plus grand qui se trouve à trente ou cinquante centimètres au-delà. Ce n'est qu'ultérieurement et par une série d'exercices qu'il arrive à distinguer simultanément divers objets sur des plans différents. Je rappelle à ce sujet l'expérience faite sur deux rangées de malades et celle faite dans la glace.

Fidèle voit la première rangée de malades et il ne voit pas la seconde rangée placée à vingt-cinq centimètres, puis quand il arrive à voir la seconde rangée, il ne voit plus aucun malade de la première rangée. Il en est de même dans la glace : quand il voit la religieuse, il ne voit plus le médecin et réciproquement.

Ainsi donc la vision simultanée d'objets placés sur des plans différents, s'acquiert tardivement chez Fidèle, et cette vision simultanée, synthétique ou panoramique, nulle au début, reste encore chez lui à l'état embryonnaire.

Comme nous l'avons vu, c'est le 5 février seulement que Fidèle a été capable de voir en même temps plusieurs personnes placées à des distances différentes. Nul doute que cette faculté visuelle va continuer à grandir. En tous cas, Fidèle est actuellement capable de voir plusieurs personnes situées sur des plans différents.

Le 9 février, je mets trois personnes sur une rangée, j'en mets trois autres sur une seconde rangée, à un mètre derrière la première rangée. Fidèle voit bien les trois personnes de la première rangée, mais il ne voit que les deux personnes de droite de la deuxième rangée.

Éducation des mouvements oculaires. Orientation du regard. — Au début Fidèle ne savait regarder ni à droite ni à gauche. Il regardait encore plus difficilement en haut.

Quand on lui disait de regarder à droite, il regardait à gauche et réciproquement. Puis pour regarder à droite ou à gauche, il faisait faire le mouvement non par l'œil mais par la tête, le mouvement de la tête suppléait complètement le mouvement des yeux. Il le supplée encore maintenant bien des fois mais moins. Fidèle, au bout d'un mois, est parvenu à regarder à droite et à gauche, mais il lui faut pour cela un certain effort. Les yeux se dirigent maintenant simultanément à droite et à gauche, et l'orientation commence à se faire assez facilement. Toutefois, les mouvements oculaires sont assez lents et ils restent toujours faibles dans le regard en haut.

Les muscles élévateurs de Fidèle n'ont jamais fonctionné. Il avait en effet l'habitude de toujours diriger le regard vers le sol.

CHAPITRE TROISIÈME
Conclusions et Genèse de la Vision chez l'aveugle de naissance opéré de cataracte

Les expériences et les observations subséquentes faites au sujet de ce cas intéressant m'autorisent à tirer les conclusions suivantes : L'aveugle de naissance, immédiatement après une opération heureuse, ne peut distinguer aucun objet, il ne perçoit aucune forme. Il ne possède que la perception lumineuse, ce qu'on appelle la perception quantitative.

La *perception des formes*, qui s'appelle en ophtalmologie la perception qualitative, n'existe au début qu'à l'état embryonnaire et tout-à-fait vague. Cette fonction ne se développe que par l'exercice et par la comparaison fréquemment répétée des objets entre eux.

La perception des dimensions et celle des distances qui en découle est une fonction qui s'acquiert postérieurement à la vision des formes.

La *vision chromatique* ou sens des couleurs peut exister chez l'aveugle de naissance en dehors de toute perception qualitative. Chez certains aveugles de naissance, la vision des couleurs ne se développe qu'après l'opération.

A ces notions acquises à la science par les observations anciennes, nous ajouterons les notions suivantes qui découlent de l'observation de Fidèle qui, à notre connaissance, n'ont pas encore été développées par aucun auteur.

Au début l'aveugle de naissance opéré avec succès en

possède que la *vision directe*. *La vision analytique*, il ne voit que ce qu'il fixe. Il ne voit rien de ce qui est à droite et à gauche de la ligne du regard, sa vision est analogue à celle des malades atteints de rétinite pigmentaire ou d'atrophie du nerf optique à une période avancée, il voit comme à travers un tube. Plus tard la vision s'étend à droite et à gauche dans toute l'étendue du champ visuel et le sujet peut voir des objets situés à droite et à gauche de la ligne du regard en même temps que l'objet qu'il fixe.

Au début le sujet ne voit que des objets situés à une même distance, ce n'est que plus tardivement qu'il acquiert la possibilité de voir simultanément des objets situés à des distances différentes et qu'il acquiert de ce fait la vision synthétique ou vision panoramique.

L'orientation du regard s'acquiert en même temps que la vision panoramique.

La vision chez l'enfant. — Poursuivant plus loin le travail de la genèse des fonctions visuelles, j'ai cru pouvoir appliquer les données acquises par l'observation de Fidèle au mode d'éducation visuelle chez l'enfant et cela en me fondant sur la grande analogie qui existe entre la façon de Fidèle et celle des enfants.

Analogie entre Fidèle et l'enfant qui vient de naître. — A ce sujet l'expérience du miroir est tout à fait suggestive. L'enfant qu'on présente pour la première fois devant un miroir s'imagine qu'il voit un *autre bébé*, et son premier mouvement c'est de vouloir le prendre. Il se fâche souvent de ne pas pouvoir le faire et ce n'est que bien tard qu'il en reconnaît l'impossibilité et qu'il arrive à se mettre dans la tête que c'est son image qu'il voit dans la glace. Fidèle, au fond, faisait de même en face du miroir, il croyait qu'on lui faisait une farce, et que le farceur était un autre malade de la Clinique.

La façon dont Fidèle faisait connaissance avec les personnes avait également quelque chose de particulier et ressemblait tout à fait aux procédés employés par l'enfant. Il dévisageait toute personne de bas en haut, puis il la regardait en se déplaçant et à gauche et à droite alternativement.

Nous savons d'autre part qu'au début les enfants ne semblent frappés que d'une partie saillante spéciale à la personne dont ils font la connaissance, ou bien ce sont des jambes plus ou moins longues ou le nez, ou les yeux, ou les mains qui servent presque de point de mire unique.

En un mot c'est la vision partielle analytique qui débute chez l'enfant, comme chez Fidèle, pour faire place ultérieurement à la vision d'ensemble. Pour toutes ces raisons nous croyons que l'analogie entre l'un et l'autre nous paraît devoir s'imposer et voici comment nous concevons, d'après ces données, la genèse de la vision chez l'enfant qui vient de naître.

Conclusion et genèse de la vision chez l'enfant déduite par analogie. — Selon toute probabilité, à la naissance l'enfant normalement constitué jouit surtout et presque exclusivement de la perception quantitative, c'est-à-dire qu'il voit la lumière sans pouvoir distinguer aucune forme.

Voit-il les couleurs en venant au monde comme il voit la lumière? C'est possible, mais aucune donnée ne permet de se prononcer affirmativement à ce sujet, du moins à ma connaissance.

En tout cas la coexistence de la vision chromatique et de la perception quantitative chez des aveugles de naissance permet de supposer que le sens des couleurs se développe dès les premières périodes de l'exercice des fonctions visuelles. D'autre part le daltonisme prouve que la fonction chromatique peut faire totalement défaut alors que toutes les autres fonctions visuelles sont parfaites.

Le développement de la perception qualitative qui permet à l'enfant d'apprécier la forme des objets et de les différencier ne se fait qu'ultérieurement et progressivement par une série d'impressions visuelles souvent répétées confiées à la mémoire.

Enfin en dernier lieu arrive la perception des dimensions et celle des distances qui doivent se développer simultanément avec l'orientation du regard. Ces fonctions se développent plus tardivement, car elles exigent concurremment une intervention visuelle et une opération cérébrale plus compliquée que celle de la comparaison des formes des objets. La mémoire suffit dans ce dernier cas, tandis que le jugement doit intervenir pour la perception des dimensions et des distances.

Cette dernière perception ne se développe entièrement que très tard et tous nous avons eu à rectifier et à trouver inexactes des notions de dimensions et de distances que nous avaient laissées des souvenirs d'enfance. Ainsi donc, comme on le voit, l'œil ne fonctionne pas d'emblée mais il n'acquiert son développement fonctionnel que lentement et progressivement par le travail. Chez l'enfant comme chez l'aveugle de naissance ; la vision est d'abord partielle, analytique, et, par l'exercice, elle arrive à la vision d'ensemble ou panoramique. Fidèle, nous l'avons vu, a gagné sa vue « à la sueur de son front ». C'est donc le travail qui est la loi du développement des fonctions visuelles, comme il est la loi de toutes nos fonctions physiques, intellectuelles et morales.

DEUXIÈME PARTIE

Documents historiques et bibliographie de la cataracte congénitale totale. — Conclusion générale.

1° Documents historiques. — Observations.

En 1843, M. R. A. Stafford, chirurgien de l'infirmerie Sainte-Mary-la-Bonne, a publié en Angleterre une observation dont les annales d'oculistique donnent l'analyse suivante : Fanny Morris, âgée de vingt-trois ans, fut reçue au mois de juin 1840 : elle était aveugle depuis sa naissance, ne pouvait reconnaître les objets que par le toucher et distinguait seulement le jour de l'obscurité ; elle n'avait aucune idée des couleurs, ses yeux étaient vacillants et continuellement en mouvement ; l'iris, la cornée, la sclérotique étaient saines, seulement le cristallin et sa capsule étaient opaques, offraient l'aspect attribué par Ber à la cataracte capsulo-lenticulaire.

Environ un mois après son entrée, M. Stafford opéra l'œil gauche par abaissement ; mais la capsule fut trouvée si fort et si solidement adhérente au cristallin qu'il fut impossible de la déchirer et que l'aiguille les entraîna tous deux ensemble à la partie inférieure de la chambre postérieure (l'auteur ne dit point si l'œil droit a été opéré, mais la lecture du reste de l'observation permet de croire qu'il en a été ainsi)

Les yeux furent immédiatement couverts d'un bandage, il ne survint ni douleur, ni inflammation. Au bout d'une semaine, le bandage était enlevé, la malade exprima qu'elle avait la conscience d'une lumière plus vive qu'avant l'opération ; mais tout était confus. A la fin de la seconde semaine, elle percevait encore mieux la lumière mais sans distinguer les objets. A la quatrième semaine, elle reconnut, après s'être aidée du toucher, divers objets qu'on lui présentait; on lui apprit à distinguer les couleurs, et enfin, au bout de trois mois, elle connaissait tous les objets employés journellement, pouvait décrire toutes les parties de son ajustement, indiquait bien sur un tableau les couleurs blanche, noire, rouge. A cette époque elle avait acquis une connaissance assez exacte de la distance et de l'étendue.

M. Stafford raconte avec soin les moyens qu'il employait pour perfectionner la vue et s'assurer de ses progrès. Au bout de neuf mois, la malade en était venue à pouvoir ourler un mouchoir et enfiler son aiguille.

M. Stafford compare le rétablissement de la vue chez cette jeune fille à celui qu'avaient observé Cheselden sur un enfant de treize ans et M. Ware sur un enfant de sept ans. Chez le premier de ces malades, il se passa un temps beaucoup plus long, avant que la notion de la distance et de l'étendue fût acquise. On se rappelle que l'enfant croyait toujours placés sur ses yeux mêmes les objets qu'on lui présentait, et ne comprenait pas que la maison entière fût plus grande que sa chambre. Chez le malade de M. Ware, au contraire, la vision s'était rétablie beaucoup plus vite ; quelques jours après l'opération, il distinguait les couleurs et pouvait nommer tous les objets qu'on lui présentait.

M. Stafford fait justement remarquer que ces différences dans la rapidité de l'établissement de la vision après la guérison d'une cataracte congénitale s'explique par les différences d'activité et d'intelligence, dont les opérations sont indispensables pour perfectionner les notions transmises par le sens de la vue (1).

Le rédacteur des *Annales d'oculistique* F. C., qui relate ces faits, ajoute les réflexions suivantes (p. 143) :

Un fait tiré de notre pratique vient corroborer ce raison-

---

(1) *Medico-chirurgical transactions* et *Archives générales d'ophtalmologie*.

nement. Nous avons opéré, en 1840, une jeune fille de 24 ans, idiote, cataractée des deux yeux depuis sa naissance. Notre opération a parfaitement bien réussi, mais jamais on n'a pu lui faire l'éducation du sens de la vue. Cette fille saisit avec adresse les fruits, le sucre, les joujoux, le pain qu'on lui présente ou qui se trouvent sur une table ou autre part ; elle les voit à la même distance que les autres personnes, et néanmoins elle se jette à travers les obstacles qu'elle rencontre dans la rue ou partout ailleurs ; dix fois par mois elle se jette à bas des escaliers ; elle n'a pour ainsi dire aucune idée des distances : ses yeux ne les mesurent que lorsqu'on excite sa friandise ou sa passion pour les joujoux. Les couleurs tranchantes vues au grand jour l'effraient presque toujours.

En 1844, Dupuytren, qui a opéré plusieurs aveugles de naissance, constate la difficulté que l'on rencontre dans l'éducation visuelle des aveugles de naissance :

Si on n'y prend garde, l'aveugle de naissanse continuera à se guider par le tact et par l'ouïe et sa vue ne se développera pas.

Dupuytren liait les mains de ses opérés et bouchait leurs oreilles pour les forcer à voir (Voir *Traité de chirurgie oculaire*, par Ch. Delval, 1844, p. 193).

En 1845, Duval-Hégésippe, d'Argentan, publie dans les *Annales d'oculistique* (pages 97 à 109), l'observation d'un malade de 11 ans, Julien Saligot, aveugle de naissance, dont les yeux roulaient incessamment dans l'orbite et dont l'intelligence était inculte.

Après l'opération, la photophobie fut grande. Il commence par distinguer les couleurs puis les formes et les dimensions et les distances. Il ne voyait pas les objets renversés. L'appréciation des distances a été très difficile à obtenir.

La connaissance des objets n'a été faite que très lentement à force d'exercices. Il ne pouvait au début rien reconnaître des objets qu'il connaissait très bien par le toucher. Il fait rire de joie de voir son portrait dans la glace.

Au bout de 5 semaines il reconnaissait les divers meubles et objets usuels, mais ses idées sur les distances étaient encore vagues et il dirigeait ses yeux difficilement.

En 1847, Trinchinetti publie la guérison de deux aveugles de naissance (*Giornale del Instituto-Lombardo*, fascicules 46 et 47, *Annales d'oculistique*, 1849, page 259). Je relève dans ce travail les données suivantes :

Il s'agit de deux enfants : un garçon de 11 ans, une fille de 10 ans, nés d'un père aveugle et dont l'aïeule et la tante avaient la même maladie. Tous les deux voyaient les couleurs jaune, bleue et rouge quand elles étaient fortement éclairées.

Les opérations réussirent ; les opérés ne pouvaient d'abord reconnaître les objets dont l'usage leur avait été le plus fréquent. La lune pour le garçon était un trou blanc sur un fond bleu. Leur surprise fut extrême de voir leur image dans la glace.

En 1856, Rau, professeur de médecine à Berne (*Archiv fur. ophtalmologie*, tomes 1er et 2e, pages 161 à 218 ; *Annales d'oculistique*, 1856, page 71), publie sur la cataracte congénitale les réflexions suivantes :

Je ne fus pas peu surpris de voir combien l'aveugle-né arrive lentement à s'orienter dans ce qui l'entoure. Il distingue bien plutôt la forme des objets que la donnée des distances, donnée qu'il n'acquiert que très tardivement.

En 1856, M. Game publie un cas de cataracte congénitale opérée avec succès sur un homme de cinquante-cinq ans. Dans ce cas, la vue fut bonne, mais l'opéré eut beaucoup de peine pour arriver à faire concorder ses notions visuelles avec celles des autres sens. Il ne pouvait distinguer en fait de couleur que le blanc, le rouge et le bleu.

En 1862, Alessi de Gualtieri opère un aveugle né sourd-muet et le guérit de la cécité congénitale (voir *Annales d'oculistique*, tome 47, page 112).

Le sujet avait 23 ans, il était issu d'une famille ayant des cataractes partielles depuis quatre générations.

J'extrais de ce travail la citation suivante : « Pour être heureux, le philosophe chinois Lau-Tsen, l'auteur du *Quiétisme*, de l'*Inaction* et du *Nihilisme*, a dit dans son livre sur la vertu : « L'homme doit clore la bouche, fermer les oreilles et les yeux, car augmenter la vue, c'est une calamité. »

Le malade d'Alessi est arrivé à lire, écrire et exprimer sa reconnaissance à son médecin, ce qui prouve de plus en plus, dit Alessi, que le nihilisme de Lau-Tsen n'est qu'un mensonge.

En 1876, Von Hippel publie un travail opéré avec succès de cataracte congénitale double. Ce travail donne bien l'état de nos reconnaissances sur le développement des facultés visuelles chez les opérés de ce genre. En voici l'analyse donnée par les *Annales d'oculistique* de 1876, 2e partie, page 249.

Il s'agit d'une fille de quatre ans dont les facultés intellectuelles étaient développées à un haut degré, et dont l'état des yeux, avant l'opération, était le suivant : les globes oculaires n'ont aucune tendance à fixation monoculaire ni binoculaire. Ils roulent irrégulièrement et oscillent dans toutes les directions, mais surtout en haut, où ils se cachent sous la paupière. Quelquefois, un seul globe se meut avec une indépendance complète de l'autre, de manière à produire, par exemple, de la divergence des yeux en haut, de la divergence en bas, de la convergence d'un œil, alors que l'autre regarde droit devant soi, etc., et cela de manière à exclure toute idée de spasme ou de contracture de l'un ou de l'autre muscle intrinsèque de l'œil.

Quand, dans un endroit obscur, on met devant l'enfant et assez près d'elle, une lumière, alors seulement on observe une très faible tendance à fixation.

Pour ce qui regarde l'état de la vision avant l'opération, l'enfant voyait une lampe à 20 pieds de distance, et indiquait le moment où l'on masquait la flamme. Elle indiquait même, quoique en hésitant, la direction dans laquelle on déplaçait la lumière. Son dos tourné contre la fenêtre, elle reconnaissait les mouvements de la main à deux pieds de distance ; dans un rayon de deux pieds elle distinguait un objet luisant d'un objet obscur ; les couleurs lui paraissaient « sombres » en opposition au blanc. Elle paraissait du reste confondre toutes les couleurs. Une localisation un tant soit peu exacte par le sens de la vue n'existait pas. De même que dans tous les cas analogues publiés jusqu'ici, la vision existait donc, quoique à un degré rudimentaire, avant l'opération. Mais si le cas présent est loin d'approcher du maximum de perfection que nous désirerions voir réalisé (vision complètement nulle avant l'opération), pour résoudre définitivement certaines questions de physiologie, il a donné à Von Hippel l'occasion de faire, après l'opération, certaines expériences qui méritent d'être relatées et qui se résument dans les points suivants : 1° *Après l'opération*, il y avait *manque de jugement sur les distances* et sur *l'orientation*. Il n'y a *ni près ni loin, ni haut ni bas, ni droite ni gauche*. A ce sujet, nous ferons remarquer qu'avant l'opération et immédiatement après elle, les deux yeux semblaient, par moments, se mouvoir, chacun en vertu d'une innovation à part ; 2° *Impossibilité de reconnaître par la vue* un objet quelconque même bien connu à l'enfant par l'intermédiaire des sensations tactiles ; 3° Après l'opération, le sujet n'avait aucun *jugement sur la grandeur des objets* qui frappaient ses yeux ; 4° Il a fallu une certaine éducation pour que l'enfant *distinguât les couleurs* que, du reste, il commença par distinguer au point de vue de leur clarté.

Dufour, en 1876, obtient une guérison d'aveugle de naissance (Voir *Correspondanzblatt für Scheweiz. aertze*, n° 14, page 438, 1876); les *Annales d'oculistique* 1877, 2° partie, page 261, en donnent l'analyse ci-dessous :

L'observation suivante, comme celles de Wardrop, de Cheselden, de Ware, de Trinchinetti, de Hirschberg, est très favorable à la théorie empirique de la vision émise par Helmhotz. Dufour opéra fructueusement l'œil droit d'un sujet de 20 ans atteint de cataracte congénitale.

Avant l'extraction linéaire, le patient distinguait la lumière de l'obscurité et jusqu'à un certain point les couleurs rouge, jaune et bleue. Sa guérison achevée, lorsqu'on le conduisit en pleine clarté, il se comporta exactement comme quelqu'un qui différencierait seulement le jour de la nuit, bien que l'examen ophtalmoscopique eut fait voir un fond de l'œil parfaitement normal. Bientôt, l'opéré reconnut le mouvement d'une chaîne de montre, l'éclat d'une bague, mais il fallut lui permettre de toucher l'objet pour qu'il le désignât exactement. Il recevait donc des impressions lumineuses qu'il ne savait pas interpréter.

Trombetta, dans un travail publié en Italie, à la clinique du Docteur Raymond, de Turin (*Clinica Moderna*, anno IV, n° 171, 1898), insiste sur la difficulté de l'éducation visuelle et cela à propos d'une petite fille de sept ans opérée de cataracte congénitale.

BIBLIOGRAPHIE
DE LA CATARACTE CONGÉNITALE TOTALE

M. R.-A. STAFFORD, chirurgien de l'infirmerie Sainte-Marie-la-Bonne, 1843. — Cataracte congénitale chez un sujet de 23 ans. *Annales d'oculistique*, tome X, année 1843, page 143.

Docteur DUVAL HÉGÉSIPPE, d'Argentan, 1845. — Quelques réflexions sur les premières impressions d'un aveugle né, rendu clair-voyant, suivies de considérations sommaires sur la manière d'opérer les cataractes de naissance de différents âges. Voir *Annales d'oculistique*, tome XIII, mars 1845, 1re partie, pages 97 et 109.

M. A. HYTTERHOEVEN, 1845. — Cataracte congénitale de l'œil droit chez une femme de 41 ans, ayant perdu l'œil gauche depuis un an. Opération suivie de succès. *Annales d'oculistique*, tome XIII, 2e partie, page 226.

DUPUYTREN, 1844. — Voir *Traité de chirurgie oculaire*, par Ch. DELVAL, page 193.

TRINCHINETTI, 1847. — *Giornale del Institutio Lombardo*, fascicules 46 et 47. *Annales d'oculistique*, 1849, page 259.

GUÉPIN, de Nantes, 1853. — Des cataractes de naissance et des opérations qui leur conviennent. *Annales d'oculistique*, 1853, page 75, 2e partie.

GAME, 1854. — *Moniteur des Hôpitaux*, 1er juin. Voir *Annales d'oculistique*, 1856, page 84, 2e partie.

CRITCHETT, 1855. — Cataracte capsulaire congénitale (*Dublin medical press.*). *Annales d'oculistique*, 1855, page 94. Un cas, jeune homme de 22 ans. Société chirurgicale de Londres.

THOMPSON, idem. — Un cas, 14 ans, où il a fallu un an pour l'éducation de l'œil.

RAU, 1856. — *Archiv fur ophtalmologie*. F. 1re et 2e parties, pages 161-218. Cataracte congénitale.

KOEBERLÉ, 1858. — *Gazette médicale de Strasbourg*, n° 5. Étiologie de la cataracte congénitale. *Annales d'oculistique*, 1860, 1re partie, page 192.

CRITCHETT, 1861. — Observations pratiques sur la cataracte congénitale. *Annales d'oculistique*, 1861, tome 46, page 209.

Alessi de Gualtieri, 1862. — Aveugle-né et sourd-muet, guéri de la cécité congénitale. *Annales d'oculistique,* 1862, tome 47, page 112.

Singer, 1866. — Deux cas de cataracte pyramidale congénitale. *Annales d'oculistique,* 1866, 1re partie, page 167.

Chauvel, 1874 (avril). — *Archives générales de médecine*, page 415. Cataracte centrale, pyramidale, antérieure, congénitale et acquise. Voir *Annales d'oculistique,* 1874, 1re partie, page 176.

Critchett, 1875. — Remarques pratiques sur la cataracte congénitale. *Annales d'oculistique,* 1875, page 219.

A. V. Hippel, 1876. — Observations sur un enfant opéré de cataracte congénitale double.

Graefe. 1876. — *Arch. fur ophtalmologie*, pages 101-131. *Annales d'oculistique,* 1876, 2e partie, page 249.

Dr Dufour, 1876. — *Correspondanzblatt fur Schweiz aertze*, n° 14, page 438, 1876. *Annales d'oculistique,* 1877, 2e partie, page 261.

Dr A. Graefe, de Halle. — Société d'Heidelberg, 1879. *Annales d'oculistique* 1880, 2e partie, page 71. De la cataracte nucléaire, dure, congénitale. Discussion : Hauwez, Von Hippel. Leber-Krüger. Otto. Becker.

Panas, 1882. — *Archives d'ophtalmologie*, novembre, page 481. Sur la cataracte nucléaire de l'enfance, simulant la cataracte stratifiée. Déductions opératoires qui en découlent.

Galezowski, 1881. — De quelques formes particulières de cataracte congénitale. *Recueil d'ophtalmologie*, mars 1881, pages 152 à 160.

Webster Fox, 1885. — Cataracte congénitale opérée avec succès chez une femme de 60 ans. (*Transactions of the american ophtalmological Society New-London*, 1885.) Voir *Annales d'oculistique*, page 175.

E. Block, 1886. — *Klinisch monatsblatter für Angenheilkünde*, janvier 1886. Voir *Annales d'oculistique*, 1886, 1re partie, page 282.

Fienzal, 1888. — Congrès d'ophtalmologie. De la discision avec le couteau lancéolaire dans la cataracte congénitale. *Annales d'oculistique,* 1888, tome XCX, page 189.

Fischer, 1889. — Cataracte congénitale. Observation

d'un enfant de huit ans né avec une cataracte totale. *Annales d'oculistique*, 1889, page 281.

1889. — De la cataracte congénitale par BANZIGER (C. B. F. Schu A. 1889, n° 13). *Annales d'oculistique*, 1889, deuxième partie, page 286.

Cataracte grise congénitale par FURSCHER. *Annales d'oculistique*, tome CXVIII, page 447.

Cataracte congénitale et convulsions par ABADIE. *Annales d'oculistique*, tome CXI, page 287.

VAN DENBERG. — Cataracte congénitale (opération). *Annales d'oculistique*, tome CXIII page 72.

VUELLERS. — Cataracte congénitale chez le lapin. *Annales d'oculistique*, tome CXIII, page 115.

BERGMEISTER, 1892, 9 décembre. — Cataracte héréditaire. Société império-royale de médecine de Vienne. *Annales d'oculistique*, février 1893, page 121.

TREACHER COLLIN, 1894. La cataracte lamellaire et les rachitiques. Cataracte congénitale. Société ophtalmologique du Royaume-Uni, 18 octobre 1894. Voir *Annales d'oculistique*, novembre 1894, page 337.

DOR, de Lyon, 1892. — Traitement de la cataracte congénitale. (Société d'ophtalmologie, mai 1892. Voir *Annales d'oculistique*, 1892, page 345.

Dr FISCHER. — Cataracte congénitale et complète. *Annales d'oculistique*, tome CII, page 251.

Dr BRIBOSIA, 1892. — Cataracte congénitale opérée. Aveugle-né. *Annales d'oculistique*, mars 1892, tome CVII, page 214. Voir *Archives d'ophtalmologie*, février 1892, pour le travail original.

Dr HAROLD-WILSON, 1892. — Cataracte congénitale héréditaire. *Annales d'oculistique*, tome XCII, page 62. *The journal of ophtalmology*, VIII, fascicule 4.

Ch. WESTHOFF, Amsterdam, 1897. — Cataracte congénitale familiale. *Centralblatt fur pratitische Angenheilkunde*, juillet 1897. Voir analyse, *Annales d'oculistique*, avril 1898, page 290.

LOR, de Bruxelles, 1897. — Cataracte siliqueuse d'origine congénitale, avec adhérences ciliaires. *Annales d'oculistique*, janvier 1898, page 62.

Trombetta, 1898. — Éducation visuelle chez les opérés de cataracte. *La Clinica moderna*, anno IV, n° 171, 1898, page 482.

CONCLUSION GÉNÉRALE

Les aveugles de naissance opérés avec succès de cataracte congénitale, n'ont ni la notion des formes, ni celle des dimensions des objets, ni celle des distances.

Leur éducation visuelle est difficile à faire et demande beaucoup de travail. La notion des formes est celle qui s'acquiert le plus vite. La notion des dimensions et des distances s'acquiert plus lentement. L'orientation des yeux est nulle au début et s'acquiert par l'exercice.

Chez l'enfant, comme chez l'aveugle de naissance, la vision est d'abord directe, partielle, analytique; elle est analogue à la vision des malades atteints d'atrophie du nerf optique, c'est-à-dire à celle que l'on a lorsqu'on regarde à travers un tube étroit. L'œil ne voit que ce qu'il fixe, que ce qui est dans la direction du regard ou du tube; il ne perçoit rien des objets situés à droite et à gauche de la ligne du regard.

Plus tard la vision s'étend à droite et à gauche de la ligne du regard dans toute l'étendue du champ visuel. L'œil peut alors voir des objets situés tout autour de l'objet qu'il fixe, il a acquis la vision indirecte.

Au début de l'exercice de la vision l'œil ne voit que des objets situés à une même distance. Ce n'est que plus tardivement qu'il acquiert la possibilité de voir simultanément des objets situés à des distances différentes et qu'il acquiert de ce chef la vision synthétique ou panoramique, dernier terme de l'évolution des fonctions visuelles.

LISTE DES TRAVAUX ORIGINAUX DE L'AUTEUR

1º OPHTALMOLOGIE

1º Contribution à l'étude de l'ophtalmie sympathique (*Thèse de doctorat*, 1873). — Communication sur le blépharophimosis (*Congrès de Lille*, 1874).

2º Du nystagmus des mineurs (*Congrès de l'Association française des Sciences. Le Havre*, 1877).

3º Forme du nystagmus des mineurs (*Congrès d'Amsterdam*, 1879).

4º Rapports cliniques entre l'œil et l'oreille (*Congrès de Reims*, 1880).

5º Procédé opératoire spécial contre le ptosis par la suppléance du muscle frontal (*Société de médecine de Lille*, mars 1880).

6º Du nystagmus des mineurs et de l'héméralopie chez les mineurs (*Congrès de La Rochelle*, août 1882).

7º Conjonctivite purulente et conjonctivite catarrhale par cause rhumatismale (*Annales d'oculistique*, t. 88, p. 147).

8º Rapports entre le décollement de la rétine, le glaucome et la myopie progressive (*Congrès de Rouen*, 1883).

9º Guérison de ptosis (*Ann. d'oculistique*, 1883).

10º Traitement du décollement de la rétine par l'iridectomie (*Congrès d'ophtalmologie de Paris*, 1883).

11º Décollement de la rétine (*Congrès d'ophtalmologie de Paris*, 1885).

12º Troisième contribution au traitement du décollement de la rétine (*Bulletin médical du Nord*).

13º Traitement de la myopie progressive (*Académie des sciences de Paris*, 1885).

14° De la myopie scolaire (*Société médico-scientifique*, 1885).

15° De l'hydartrose orbito-oculaire (*Société des sciences et arts de Douai ; Journal d'oculistique du Nord*, 1889).

16° Contribution à la pathogénie de certaines amauroses et amblyopies d'origine rhumatismale (*Congrès d'ophtalmologie de Paris*, 1889).

17° Opération du ptosis par la suppléance du frontal (*Journal d'oculistique du Nord*, 1890).

18° Curabilité du décollement de la rétine. Etiologie, pathogénie, théorie du décollement par insuffisance de filtration (*Journal d'oculistique du Nord*, 1890).

19° Observations nouvelles. Guérison de l'entropion des paupières par les ligatures conjonctivo-cutanées ou ligatures verticales à bascule (*Société d'ophtalmologie de Paris*, 1890).

20° De la suspension dans le nystagmus des mineurs et la névro-rétinite (*Journal d'oculistique du Nord*, 1890).

21° Capsulotomie et capsulo-ectomie ténonienne (*Société d'ophtalmologie de Paris*, 6 janvier 1891).

22° Le nystagmus des mineurs dans le Nord de la France (*Neuvième congrès de la Société française d'ophtalmologie*, mai 1891).

23° Sixième contribution à l'étude du nystagmus des mineurs (*Journal d'oculistique du Nord*, février 1892).

24° Des injections sous-conjonctivales de sublimé dans le traitement des granulations (*Journal d'oculistique du Nord*, février 1892 ; *Académie de médecine*).

25° Travail du mineur nystagmique considéré comme cause d'accidents (*Communiqué à la Société de l'Ind. à Douai*, 3 avril 1892).

26° Notes cliniques sur la contusion du globe oculaire, mydriase, amblyopie et ophtalmie sympathique consécutives. Considérations médico-légales (*Journal d'oculistique du Nord*, février 1893).

27° Notes sur la contusion du globe oculaire par accidents de mines et de chemins de fer. Enophtalmos, myopie et amblyopie traumatiques (*Journal d'oculistique du Nord*, 1893).

28° Un cas de contusion grave avec amaurose et décollement de rétine guéri par la capsulotomie-ténonienne (*Journal d'oculistique du Nord*, août 1893).

29° De la capsulotomie-ténonienne comme moyen préventif de l'atrophie du nerf optique à la suite des érysipèles de la face (*Journal d'oculistique du Nord*, novembre 1893).

30° Observations cliniques sur la guérison du décollement de la rétine (*Journal d'oculistique du Nord*, novembre 1893).

31° De l'opération de la cataracte avant maturation (*Carillon Douaisien*, mars 1894).

32° Du nettoyage des masses corticales avant l'opération de la cataracte par injection et aspiration (*Société française d'ophtalmologie*, mai 1895, voir Bulletin, p. 308 à p. 316).

33° Opération du ptosis (*Idem*, p. 359).

34° Guérison du symblépharon par la greffe de la muqueuse buccale (*Société centrale de médecine du Nord*, 1895).

35° De l'antipyrisme, 2 cas (*Société centrale de médecine du Nord*, 1895).

36° Antagonisme de la pilocarpine et de l'atropine. Chorée expérimentale (*Congrès d'Amsterdam*, 1879).

37° Injection de cocaïne dans la chambre antérieure par les opérations intra-oculaires (*Société de Chirurgie*, 1883).

38° Observations de kératite pseudo-membraneuse primitive chronique (*Bulletins de la Société centrale du Nord*, décembre 1897, et *Progrès médical*, janvier 1898).

39° Troisième contribution au traitement de la myopie progressive par l'iridectomie et la sclérotomie (*Communication faite à la Société française d'ophtalmologie en* mai 1897).

2° MÉDECINE GÉNÉRALE

40° De l'épiploïte suppurée et de la vaginalite consécutive à l'opération des hernies étranglées (*Observations publiées dans la Gazette des Hôpitaux*, 15 octobre 1872, n° 1205).

41° Communication faite à la Société anatomique de Paris sur fait de mort subite consécutive à l'arthrite sous-occipitale (*Compte rendu*, 1873, p. 661).

42° Communication sur un fait de rupture du cœur, avec ouverture dans le péricarde (*Société anatomique, compte rendu*, 1863, p. 633).

43° Complications rénales à la suite de la lithotritie chez les enfants (*Compte rendu de la Société anatomique*, 1873, p. 368).

44° Pathogénie des tumeurs et abcès urineux (*Progrès médical*, 1873, et *Association française pour l'avancement des sciences; Congrès de Lille*, 1 brochure de 28 pages).

45° Amputation par la méthode d'Esmarch (*Progrès médical*, 1874).

46° De l'anémie chez les mineurs (*Congrès de La Rochelle*, 1882).

47° Notice historique sur les précurseurs de l'antisepsie chirurgicale pastorienne : Dr Maisonneuve et Alphonse Guérin (*Société centrale de médecine du Nord*, 1897).

www.ingramcontent.com/pod-product-compliance
Lightning Source LLC
Chambersburg PA
CBHW060645050426
42451CB00010B/1218